SOLUTION POSSIBLE

DE LA PROPOSITION DE LOI

Présentée par M. DUCUING

Député à l'Assemblée nationale

SUR LES

CONCORDATS ET LIQUIDATIONS

JUDICIAIRES

> L'État légal convenablement organisé est la sauvegarde des droits de tous et de l'égalité entre les créanciers.
>
> . . . .
>
> Une loi sur les faillites n'est point appelée à exercer sur le nombre des faillites réelles une influence appréciable; leur diminution ou leur accroissement se lie à d'autres causes, dépend d'autres faits économiques et sociaux ; mais une loi de faillite sera bonne si elle inspire au commerce l'habitude de préférer le règlement légal et judiciaire des faillites à tout autre mode de les terminer.
>
> Quand les lois sont douces, les déclarations contre les créanciers dégénè ent en une fausse philanthropie subversive de la morale pu lique.
>
> (Extrait du *Traité des faillites*, de M. RENOUARD, rapporteur de la loi de 1838, et aujourd'hui procureur général près la Cour de Cassation.)

PARIS

E. DENTU, LIBRAIRE-ÉDITEUR

GALERIE D'ORLÉANS, 17 ET 19, PALAIS-ROYAL.

1871

SOLUTION POSSIBLE

DE LA PROPOSITION DE LOI

SUR LES CONCORDATS ET LIQUIDATIONS

JUDICIAIRES.

PARIS. — TYPOGRAPHIE BALITOUT, QUESTROY ET COMP.

7, rue Baillif, et rue de Valois, 18

SOLUTION POSSIBLE

DE LA PROPOSITION DE LOI

PRÉSENTÉE PAR M. DUCUING

Député à l'Assemblée nationale

SUR LES

CONCORDATS ET LIQUIDATIONS

JUDICIAIRES

> L'État légal convenablement organisé est la sauvegarde des droits de tous et de l'égalité entre les créanciers.
>
> . . . .
>
> Une loi sur les faillites n'est point appelée à exercer sur le nombre des faillites réelles une influence appréciable ; leur diminution ou leur accroissement se lie à d'autres causes, dépend d'autres faits économiques et sociaux ; mais une loi de faillite sera bonne si elle inspire au commerce l'habitude de préférer le règlement légal et judiciaire des faillites à tout autre mode de les terminer.
>
> Quand les lois sont douces, les déclarations contre les créanciers dégénèrent en une fausse philanthropie subversive de la morale publique.
>
> (Extrait du *Traité des faillites*, de M. RENOUARD, rapporteur de la loi de 1838, et aujourd'hui procureur général près la Cour de Cassation.)

PARIS

E. DENTU, LIBRAIRE-ÉDITEUR

GALERIE D'ORLÉANS, 17 ET 19, PALAIS-ROYAL

—

1871

EXPOSÉ SOMMAIRE

M. Ducuing, député à l'Assemblée nationale,
a soulevé, par le dépôt de son projet de loi sur
les concordats amïables, une question qui pré-
occupe vivement l'opinion et qui est d'une importance capitale, — celle de savoir si la loi du
28 mai - 8 juin 1838, sur les faillites et banqueroutes (une des meilleures qui aient été faites
en matière commerciale), doit être conservée
intacte, ou si nos législateurs doivent la com-
pléter par un adoucissement *définitif* en faveur
du débiteur honnête et simplement malheureux.

Posée entre ces deux termes extrêmes, une

telle question est une des plus complexes qui
puissent se présenter, — et la résoudre de façon
à concilier, avec le progrès et les idées moder-
nes, la pitié due au malheur innocent et la
sollicitude légitime que réclament le crédit public et les besoins de l'époque, ne peut être le
fait ni d'un rigorisme suranné, ni d'un libéra-
lisme aveugle. — Une longue expérience, des
connaissances spéciales et un bon sens pratique
sont indispensables pour atteindre ce but.

C'est dans cet esprit que se sont réunies quel-
ques personnes, parmi lesquelles se trouvent
non-seulement des jurisconsultes compétents,
mais encore des banquiers et négociants qui,
presque tous, ont été membres de tribunaux
consulaires.

Partant de ce point que les modifications
demandées seraient probablement apportées à
la loi de 1838, ces personnes se sont dit que
ces modifications ne seraient salutaires que si
le législateur arrivait, au moyen d'une sanction
rigoureuse, vainement réclamée jusqu'ici, à en
assurer l'*exacte* application, — le respect invio-
lable des lois devenant d'autant plus obligatoire,
qu'elles deviennent elles-mêmes plus libérales
et plus douces.

Enfin, ces personnes sont d'avis que, sans

porter atteinte au principe de la liberté indivi-
duelle, il faut cependant réserver expressément
le bénéfice des dispositions nouvelles aux débiteurs qui s'y conformeront en tous points, et se
bien pénétrer du danger que ferait courir au
crédit public et à l'autorité judiciaire l'extension
de ce bénéfice à celui qui viendrait demander
au tribunal d'homologuer un concordat consenti
en dehors de son examen et de sa surveillance,
sans vérification judiciaire des créances, en un
mot sans l'accomplissement des formalités indispensables sur lesquelles seulement peut être
motivée la décision juridique constatant l'in-
nocence du débiteur qui ne redoute pas le
contrôle et la protection de la loi.

Le résultat des entretiens qui ont eu lieu se
trouve condensé dans la rédaction des dix articles qu'on va lire, et qui sont soumis par leurs
auteurs à l'examen, soit de la commission parle-
mentaire saisie de la question, soit de MM. les
députés.

PROPOSITION

D'UN COMPLÉMENT A LA LOI DE 1838

SUR LES

FAILLITES ET BANQUEROUTES

ARTICLE PREMIER.

Les suspensions ou cessations de payements qui surviendront à dater de la promulgation de la présente loi, en France et en Algérie, bien que réglées par les dispositions du Code du commerce, ne recevront la qualification de faillite que dans les cas suivants : 1° si le débiteur n'obtient pas de concordat; 2° si, dans le cas où il y a concordat, le tribunal, par son jugement d'homologation, ne déclare pas le débiteur affranchi de la qualification de failli.

Art. 2.

Le tribunal, sur l'avis du juge-commissaire, pourra dispenser le débiteur de l'apposition des scellés et de l'inventaire judiciaire. — Dans ce cas, le débiteur conservera l'administration de ses affaires, et procédera à leur liquidation et à l'exécution de son concordat concurremment avec les syndics régulièrement nommés et sous la surveillance du juge-commis par le tribunal, mais sans pouvoir créer de nouvelles dettes.

Art. 3.

Les dispositions du Code de commerce relatives à la vérification des créances, au concordat, aux opérations qui les précèdent ou qui les suivent, et aux conséquences de la faillite dont le débiteur ne serait pas affranchi par l'article 1er de la présente loi, continueront à recevoir leur application.

Art. 4.

Réserve essentielle. — Le bénéfice des articles 1 et 2 ci-dessus est uniquement et expressément réservé aux débiteurs qui, non-seulement déposeront leur bilan conformément à la loi, mais encore qui accompliront cette formalité avant d'avoir dissipé tout leur actif, de façon à pouvoir offrir au moins le cinquante pour cent à leurs créanciers.

Ne pourront en jouir les débiteurs déclarés en faillite, soit d'office par le tribunal, soit sur les poursuites de leurs créanciers ou du. parquet.

Ces derniers resteront soumis, sans aucun changement, à la loi de 1838 et à toutes ses conséquences.

ART. 5.

La nouvelle loi doit être appliquée avec une exactitude rigoureuse; une sanction est indispensable. — Tout traité passé entre débiteur et créanciers en dehors des formalités ci-dessus prescrites ne pourra être obtenu qu'avec l'unanimité absolue des créanciers, comme par le passé; — et, en aucun cas, il ne pourra être homologué par le tribunal.

Toute dérogation à cette disposition sera l'objet des poursuites du parquet dans le ressort duquel elle se sera produite. — Le débiteur

tfautif sera de plein droit déclaré en faillite sur
requête présentée par le ministère public, si le
tribunal n'en prend pas l'initiative, et le procureur général près la Cour d'appel dans le ressort
de laquelle le fait sera signalé, pourra, après
enquête et communication au garde des sceaux,
suspendre de ses fonctions le magistrat qui s'en
sera rendu coupable (1).

ART. 6.

Le débiteur, en faisant au greffe la déclaration
de la cessation de ses payements, sur un re-
gistre à ce destiné, devra accompagner cette
déclaration d'un bilan *ou exposé provisoire et
sommaire* de sa situation, des motifs qui l'ont
produite, et de l'état *certifié sincère* de ses créanciers. — Le débiteur, qui dissimulerait le nombre exact de ses créanciers, serait, sur la simple
constatation de ce fait, déclaré en faillite, et
livré aux poursuites du parquet.

(1) Mesure absolument nécessaire pour donner aux tribunaux
consulaires la liberté d'action et l'indépendance nécessaires,
— et pour les mettre à l'abri des influences locales qui les
sollicitent et produisent souvent les résultats les plus déplo-
rables.

— 13 —

Art. 7.

Lorsqu'il s'agira de convoquer les créanciers pour voter le concordat, ou délibérer sur une question importante, le greffier sera tenu de faire charger les lettres de convocation. — Le créancier qui ne se rendra pas à la réunion ou celui qui négligera de s'y faire représenter, sera puni d'une amende de 25 francs.

En pareille matière la taxe de chargement devrait être réduite.

Art. 8.

Quelle que soit l'honnêteté d'un débiteur, il est indispensable que le législateur laisse subsister entre ce débiteur, tant qu'il n'est pas réhabilité, et le négociant qui a toujours fait honneur à ses engagements, une ligne de démarcation profes-sionnelle. — Le débiteur concordataire, qui aura obtenu le bénéfice des articles 1 et 2 de la présente loi, ne pourra en aucun cas, avant sa réhabilitation, faire partie des chambres et des tribunaux de commerce.

Art. 9.

Tout tribunal consulaire ou civil, jugeant

commercialement, devra agréer auprès de lui un nombre suffisant de syndics, lesquels seront *seuls* chargés de l'administration des faillites, banqueroutes et liquidations judiciaires. — En compensation de ce monopole, et comme garantie de leur gestion, ces agents devront déposer *un cautionnement* pouvant varier, selon l'importance commerciale des localités, entre cinq mille et vingt mille francs.

Art. 10.

Chaque année, le procureur général déléguera un de ses substituts, ou au moins un attaché de son parquet, lequel fera une tournée dans tous les greffes des tribunaux consulaires du ressort, ou des tribunaux civils jugeant commercialement, à l'effet de s'assurer de l'observation exacte tant de la loi de 1838 que du présent complément, et de la bonne tenue des procédures relatives aux faillites, banqueroutes, concordats et liquidations judiciaires.

Paris. — Imp. Balitout, Questroy et C⁰ rue Baillif, 7.

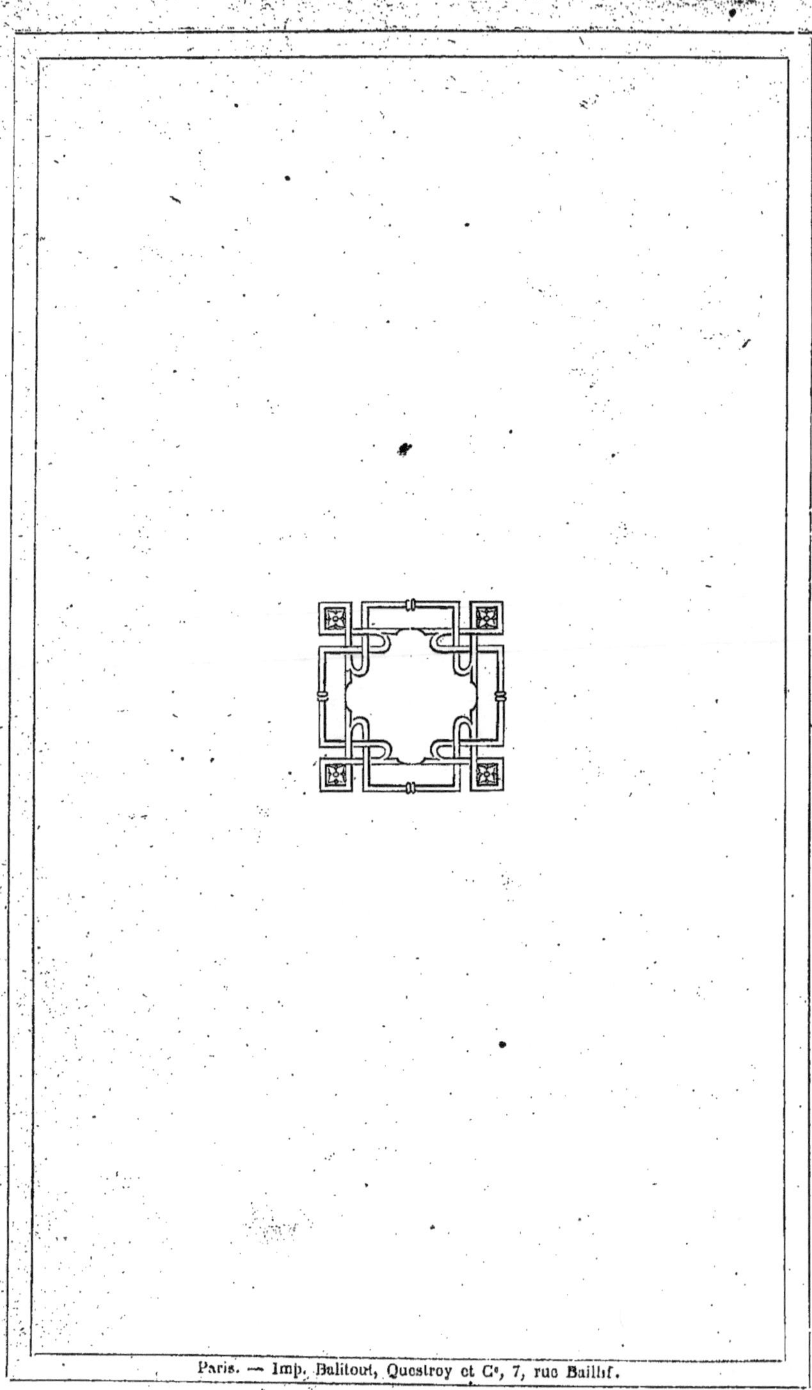

Paris. — Imp. Balitout, Questroy et C⁰, 7, rue Baillif.